AF381338

LOUIS BRAILLE

L'invention du braille, l'alphabet des aveugles

Par Julie Lorang

50MINUTES.fr

LOUIS BRAILLE

L'INVENTION DU BRAILLE, L'ALPHABET DES AVEUGLES

- **Naissance ?** Le 4 janvier 1809 à Coupvray (Seine-et-Marne)
- **Mort ?** Le 6 janvier 1852, à Paris
- **Invention notoire ?** Développement du système braille à partir de 1825, qui permet aux aveugles et malvoyants de lire et d'écrire.
- **Répercussions de l'invention ?** L'invention du braille ouvre l'accès au monde de l'écriture et de la lecture aux aveugles et malvoyants du monde entier : il s'agit du premier pas dans l'intégration des personnes souffrant de déficience visuelle. Aujourd'hui, le braille s'est également développé dans le domaine des nouvelles technologies : il existe du braille musical, mathématique et informatique.

Inventé en 1825 par le Français Louis Braille alors qu'il n'était encore qu'un adolescent, le braille est un système d'écriture et de lecture conçu pour les besoins spécifiques des personnes aveugles et malvoyantes. Composée de 64 signes élaborés à l'aide de points en relief, cette écriture permet une lecture par le toucher. Sa relative facilité de lecture et sa grande flexibilité ont permis au braille de supplanter les autres systèmes d'écriture pour aveugles et de s'imposer au niveau mondial.

Bien que resté proche de l'alphabet originel tel qu'imaginé par Louis Braille, le braille, comme toute langue vivante, a beaucoup évolué depuis le XIXᵉ siècle, pour répondre aux contraintes du monde moderne. En s'ouvrant à d'autres langues, aussi diverses que l'anglais, le chinois ou encore l'arabe, la nécessité d'harmonisation des différents alphabets s'est rapidement fait sentir et est toujours en cours, sous l'égide d'organismes internationaux comme l'Unesco (Organisation des Nations unies pour la science et la culture) ou le Conseil mondial du braille.

L'émergence des outils informatiques a également profondément modifié – et considérablement facilité – le rapport des aveugles à la lecture et à l'écrit grâce notamment aux systèmes de transcription automatique en braille ou aux logiciels de synthèse vocale.

Invention de génie, l'écriture braille intrigue autant qu'elle reste encore mal connue des voyants. Réel outil d'intégration pour les aveugles, cet alphabet a permis de leur donner l'accès à la lecture et à l'écriture et de ce fait, plus largement, à la culture.

CONTEXTE

Louis Braille a créé un système permettant aux personnes aveugles d'accéder à la lecture et à la culture. Son alphabet n'est pourtant pas la première tentative de lecture tactile connue et le Français s'est largement inspiré de systèmes préexistants, comme le relief linéaire de Valentin Haüy (linguiste français, 1745-1822) ou la sonographie de Charles Barbier de la Serre (officier français, 1767-1841). Qu'ils soient l'œuvre d'un aveugle ou d'un voyant, basés sur l'alphabet romain ou sur un code spécifique, ces systèmes d'écriture et de lecture accessibles par le toucher ont tous été des tentatives d'améliorer la condition des aveugles et malvoyants.

PREMIERS SYSTÈMES

L'un des premiers systèmes tactiles connus a été mis au point au XIVe siècle par Zain al-Din al-Amidi (mort en 1312), professeur aveugle de l'université al-Moustansiriya de Bagdad (Iraq), afin d'identifier ses livres et de relever certaines informations. Le professeur imagine un système de lecture tactile basé sur l'assemblage de noyaux de fruits.

Au cours des XVIᵉ et XVIIᵉ siècles, plusieurs Européens entreprennent la même réflexion et publient des textes en creux, par exemple les gravures sur métal du savant italien Jérôme Cardan (1501-1576) ou les incisions sur bois de l'imprimeur Francesco Rampazetto (mort en 1576), ou en relief, comme les lettres mobiles en plomb imaginées par le notaire français Pierre Moreau (vers 1599-1648), afin d'en rendre le contenu accessible aux aveugles. Si ces premières tentatives ont le grand intérêt de proposer une lecture manuelle, elles présentent toutes le même inconvénient : les lettres de notre alphabet romain, même écrit en relief ou en creux, ont été conçues pour une reconnaissance visuelle et sont dès lors difficilement déchiffrables au toucher.

LE SYSTÈME LANA

Au XVIIᵉ siècle, un jésuite italien du nom de Francesco Lana de Terzi (1631-1687) en arrive à cette même conclusion et imagine un tout nouveau code d'écriture, composé seulement de lignes et de points mis en relief. Le système Lana est basé sur une grille-modèle de neuf cellules sans bordure extérieure, dans laquelle s'inscrivent les 21 lettres de l'alphabet italien. Ainsi, chaque cellule de cette grille comporte deux ou trois lettres, qui sont représentées à l'aide de deux ou trois points.

A O	G U	B T V
F L	M N	E S P
C J	H R	D I Z

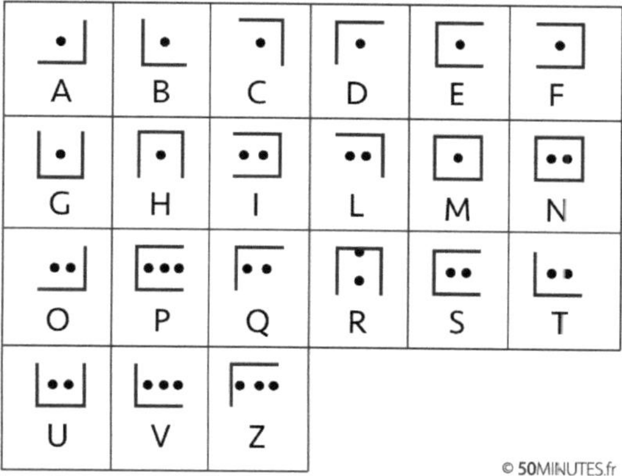

| Alphabet du système Lana.

Par exemple, pour embosser la lettre « L », il faut d'abord la localiser dans la grille, puis en recopier la bordure et marquer sa position dans la cellule à l'aide d'un ou de plusieurs points.

Ce système novateur n'est pas sans rappeler quelques caractéristiques, qui seront reprises par la suite par le braille, comme l'utilisation d'un alphabet spécifique composé de points. Toutefois, le système Lana ne permet la retranscription que des 21 lettres de la langue italienne et ne propose aucune solution pour la ponctuation, la musique ou encore les symboles mathématiques.

LE RELIEF LINÉAIRE

En 1771, Valentin Haüy, homme instruit pratiquant une dizaine de langues vivantes et travaillant comme traducteur royal, est témoin d'un spectacle qui le trouble au plus haut point. À l'occasion de la Foire Saint-Ovide, qui se tient place de la Concorde à Paris, il observe un triste spectacle mettant en scène des aveugles sous les moqueries de la foule. Cet épisode marque le début de son intérêt pour cette communauté et de son engagement pour les intégrer dans la société grâce à l'instruction.

Dans cette intention, il crée la première école pour aveugles, l'Institution des enfants aveugles, futur Institut royal des jeunes aveugles (IRJA), et met en place une méthode d'apprentissage de la lecture nommée relief linéaire. Comme le mentionne son nom, ce système se base, tout comme les systèmes antérieurs, sur l'alphabet romain, dont les caractères sont imprimés sur du papier gaufré. C'est cette méthode qui est appliquée à l'Institut royal des jeunes aveugles lorsque Louis Braille y fait ses études.

LA SONOGRAPHIE

Un autre système de lecture tactile, connu sous le nom de sonographie ou d'écriture nocturne, est mis au point en 1808-1809 par un ancien officier d'artillerie, Charles Barbier de la Serre. Le but premier de ce militaire n'est pas d'améliorer la condition des aveugles, mais bien de permettre à ses officiers de rédiger et de lire des messages codés dans l'obscurité. Pour ce faire, Charles Barbier de la Serre imagine un système de points en relief, placés sur une grille de deux fois six points, permettant ainsi de transcrire non pas l'alphabet, mais 36 sons différents, d'où le nom de sonographie.

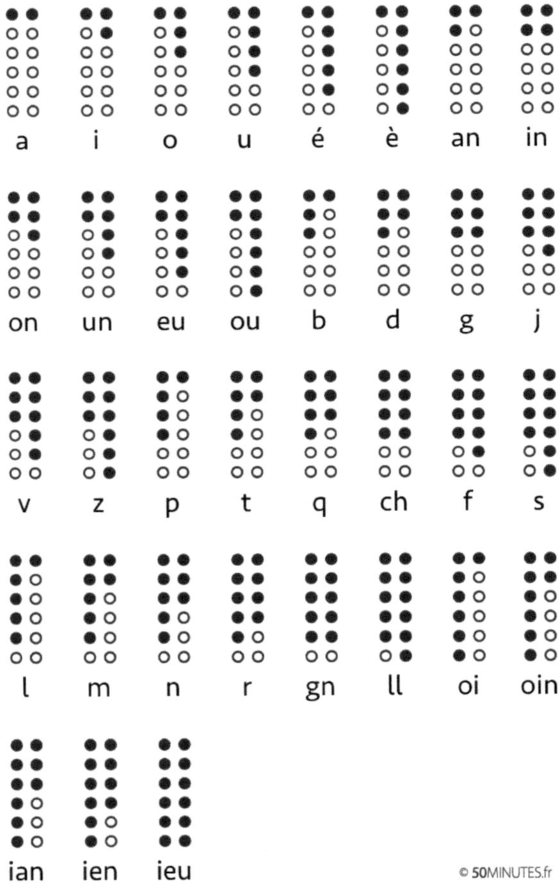

| Système sonographique.

Ce n'est qu'en 1818 que l'ancien officier d'artillerie prend conscience de l'avantage que pourrait présenter la sonographie pour les aveugles, si bien qu'il le présente aux élèves de l'Institut royal des jeunes aveugles trois ans plus tard. Le jeune Louis Braille est présent lors de cet exposé et se montre très intéressé par ce système d'écriture innovant, basé sur de simples points en relief.

Cependant, l'adolescent en relève assez rapidement certains inconvénients de taille, comme l'absence d'orthographe compte tenu de sa nature phonétique ainsi que sa relative complexité due à des cellules trop grandes (jusqu'à 12 points pour un son) et en fait part à Charles Barbier de la Serre, qui ne donne pas suite aux propositions du garçon. C'est à la suite de cette rencontre que Louis Braille se met en quête d'améliorer le système de sonographie pour donner naissance au braille.

LA VIE DE LOUIS BRAILLE

| Louis Braille, miniature sur ivoire de Lucienne Filippi, 1966.

ENFANCE ET TRAGIQUE ACCIDENT

Louis Braille est né le 4 janvier 1809 à Coupvray, un petit village de Seine-et-Marne, non loin de Paris. Le jeune Louis aime accompagner son père, bourrelier, dans son atelier et regarder ce dernier travailler le cuir afin de fabriquer courroies, harnais et colliers pour les chevaux.

Un jour de 1812, le petit garçon échappe à la vigilance de son père et, jouant avec l'un des outils, il se blesse grièvement à l'œil. À la suite de cet accident, une infection se développe et Louis Braille perd progressivement la vue jusqu'à devenir complètement aveugle.

Ses parents refusent cependant de négliger l'éducation de leur fils et celui-ci commence sa scolarité à l'école du village, où il est rapidement remarqué pour sa vive intelligence et sa mémoire remarquable. À la maison, son père lui enseigne l'alphabet à l'aide de clous plantés dans des planches en bois. Malgré tout, la famille Braille constate rapidement la nécessité de placer Louis dans un établissement répondant aux besoins spécifiques d'un jeune aveugle, si bien qu'en 1819, Louis Braille quitte son petit village pour rejoindre l'Institut royal des jeunes aveugles, à Paris.

INSTRUCTION À L'INSTITUT ROYAL DES JEUNES AVEUGLES

Créé par Valentin Haüy en 1784, l'Institut royal des jeunes aveugles est le premier établissement français à proposer une éducation spécifique pour les enfants malvoyants et aveugles, basée sur l'enseignement du relief linéaire.

Bien que la séparation d'avec sa famille soit difficile, Louis Braille s'épanouit dans ce milieu stimulant et se distingue rapidement, obtenant de nombreuses récompenses dans des domaines aussi variés que la grammaire, la géométrie ou encore la musique, dans laquelle il excelle.

MISE AU POINT DU SYSTÈME BRAILLE

En 1821, Louis Braille fait une rencontre qui change sa vie à jamais lorsque Charles Barbier de la Serre présente son système d'écriture nocturne à l'Institut. Louis Braille, comme de nombreux autres élèves, teste ce système, mais il en constate rapidement les limites : trop complexe, absence d'orthographe et de ponctuation, impossibilité de retranscription des signes mathématiques et des notes de musique. L'élève de tout juste 13 ans se met alors en tête de perfectionner la sonographie afin de répondre au mieux aux besoins des aveugles et malvoyants. En partant de l'idée de cellule formée de points en relief, Louis Braille élabore petit à petit un nouveau système, avec le soutien du directeur d'établissement, le Dr Pignier.

En 1825, il présente une première version de son système au directeur de l'IRJA. Après quelques améliorations, Louis Braille publie un exposé de la méthode en 1829 : *Procédé pour écrire les paroles, la musique et le plain-chant au moyen de points, à l'usage des aveugles et disposé pour eux.* Une seconde édition paraît en 1837, avec la version définitive de l'alphabet, tel qu'utilisé encore de nos jours.

ENSEIGNEMENT ET FIN DE VIE

Louis Braille ne quittera jamais l'Institut royal des jeunes aveugles, puisqu'il y devient professeur à l'âge de 19 ans, dans l'enseignement général et de la musique. Excellent musicien, il tient égalementment les orgues de plusieurs paroisses de Paris.

Malheureusement, la santé de Louis Braille décline à partir de 1835 : il présente alors les premiers signes de la tuberculose, qui l'emportera quelques années plus tard. À partir de 1840, il doit interrompre régulièrement ses classes et se limiter à l'enseignement de la musique, en raison de passages répétés à l'infirmerie.

Il s'éteint le 6 janvier 1852, entouré par ses amis et son frère et est inhumé dans le cimetière de Coupvray, son village natal. Les élèves de l'Institut feront élever un buste en son honneur, qui est inauguré le 25 mai 1853. Depuis 1952, sa dépouille repose au Panthéon aux côtés des grands hommes de l'Histoire française.

L'INVENTION DU BRAILLE

Louis Braille, qui a vécu presque toute sa vie à l'Institut royal des jeunes aveugles, connaissait parfaitement les différentes méthodes de lecture manuelle proposées aux malvoyants dans le passé. Étant lui-même aveugle, il s'est rapidement persuadé que l'utilisation de notre alphabet romain standard, comme le relief linéaire conçu par Valentin Haüy, voyant et fondateur de l'IRJA, n'est pas adapté à la lecture manuelle. La présentation de la sonographie par Charles Barbier de la Serre est une révélation pour le jeune homme, qui s'en inspire pour créer un nouvel alphabet, le braille.

FONCTIONNEMENT DU BRAILLE

En 1829 paraît l'acte de naissance de cette nouvelle méthode sous le titre *Procédé pour écrire les paroles, la musique et le plain-chant au moyen de points, à l'usage des aveugles et disposés pour eux*. Ce petit traité de 32 pages présente le fonctionnement du braille et comporte le tableau du braille original, qui se compose alors encore de points et de traits. Louis Braille corrige rapidement cette première version de son alphabet pour lui donner sa forme actuelle, composée seulement de points, en 1834.

L'efficacité du braille, conçu par un aveugle pour les aveugles, permettra à ce nouveau système de lecture manuelle de supplanter rapidement le premier et d'être enseigné dans l'établissement de Louis Braille à partir de 1830.

L'ALPHABET BRAILLE

Premier groupe	a	b	c	d	e	f	g	h	i	j
Deuxième groupe	k	l	m	n	o	p	q	r	s	t
Troisième groupe	u	v	x	y	z	ç	é	à	è	ù
Quatrième groupe et chiffres	â 1	ê 2	î 3	ô 4	û 5	ë 6	ï 7	ü 8	œ 9	w
Ponctuations	,	;	:	.	?	!	()	<<	*	>>
Autres signes	'	fin de vers	0	–	ital.	Maj.	numé- rique			
Signes hors séries										

| Tableau des signes braille.

Chacun des signes de l'alphabet braille est inscrit dans une cellule de six points, composée de deux colonnes de trois points. Ce système de six points permet 64 combinaisons ($2^6 = 64$), utiles à la retranscription des lettres de l'alphabet latin, mais aussi des lettres accentuées, des chiffres ou encore de la ponctuation.

Contrairement à la sonographie de Charles Barbier de la Serre, basée sur la retranscription de son, le système braille permet une écriture orthographique. Les deux hommes se sont opposés sur ce point, car l'officier d'artillerie trouvait inutile que des aveugles apprennent l'orthographe, alors que Louis Braille y voyait un accès important à la culture. En outre, le braille permet également de ponctuer un texte, ce qui n'était pas le cas pour l'écriture nocturne.

L'alphabet braille, qui est divisé en quatre groupes, répond à une logique systématique, qui permet un apprentissage plus rapide. En effet, les signes des séries deux, trois et quatre (voir tableau) reprennent les combinaisons de la première série, auxquels sont rajoutés le ou les points caractéristiques à son propre groupe. Par exemple, la lettre « L » est un « B » auquel on a ajouté le dernier point de la première colonne, marque spécifique de ce deuxième groupe.

La lettre « W » occupe une place un peu particulière dans l'alphabet braille, car il n'en faisait tout simplement pas partie à l'origine. Cela explique la position de cette lettre comme dernier caractère du quatrième groupe, après les lettres accentuées de la langue française – à, é, è, ç, etc. –, qui échappe à la logique interne du système braille. En effet, au XIXe siècle, le « double v » n'est utilisé que pour quelques noms propres, d'origine germanique, mais n'est pas considéré comme une lettre à part entière de l'alphabet romain français. C'est un élève d'origine anglaise, Henry Hayter (1814-1893), qui fait remarquer cet oubli à Louis Braille, qui finit par rajouter le « W » à son alphabet.

LA LECTURE

La lecture manuelle braille se lit de gauche à droite, à l'aide des deux mains. La taille des cellules de six points est idéale pour une lecture à l'aide de la dernière phalange de l'index, la plus sensible. L'utilisation des deux mains est nécessaire afin de mieux se repérer dans l'espace du texte : l'index gauche déchiffre la première partie de la ligne, la main droite prend ensuite le relais tandis que la main gauche se prépare à la lecture de la ligne suivante. L'usage des deux mains permet en outre une lecture plus rapide, qui reste cependant plus lente qu'une lecture visuelle : en moyenne 160 mots à la minute pour un aveugle contre 450 mots à la minute pour un voyant.

Tout comme l'apprentissage de la lecture classique, le braille demande un enseignement spécifique, qui suppose l'éducation au toucher afin de développer suffisamment la sensibilité tactile des index. Cet apprentissage se fait évidemment plus aisément durant l'enfance, mais est tout à fait possible pour un adulte. Toutefois, la perte de sensibilité tactile liée à l'âge peut compliquer l'apprentissage de l'alphabet braille auprès des personnes âgées. De même, des doigts abîmés par un travail manuel répété ou par une maladie comme le diabète peuvent freiner cet apprentissage.

L'ÉCRITURE

À l'origine, le braille s'écrit à l'aide d'une tablette spéciale et d'un poinçon, qui permet de former les cellules en point. Jusqu'au développement d'outils informatiques, qui se révéleront révolutionnaires pour le monde des aveugles et malvoyants, les transcriptions de textes, qu'ils soient littéraires, musicaux ou scientifiques, sont réalisées manuellement.

Les premières machines à écrire en braille sont inventées à la fin du XIXe siècle aux États-Unis par Frank Haven Hall (inventeur, 1841-1911) et en Allemagne par Oskar Picht (1871-1945). Ces machines à écrire sont composées de six touches pour les six points utilisés par l'alphabet braille, ainsi qu'une touche d'espacement. Cette invention est un grand pas en avant pour les aveugles, puisqu'elle permet de rédiger un texte deux fois plus vite qu'à l'aide d'une tablette et a ainsi donné un coup de fouet à la retranscription à grande échelle de la littérature en braille.

Les machines à écrire en braille continuent bien sûr à se développer tout au long du XXe siècle. Les Allemands mettent ainsi au point la machine braille Blista en 1950, mais c'est la machine américaine Perkins (1951) qui devient le modèle le plus utilisé à travers le monde jusqu'au développement de l'informatique.

Un texte écrit en braille prend en moyenne trois fois plus de place que sa version en alphabet romain. Afin d'alléger le volume des documents, un braille abrégé – constitué de symboles et d'abréviations – a été mis en place dans chaque langue assez rapidement, rompant avec le braille intégral orthographique. Par exemple, un même symbole braille peut avoir jusqu'à cinq significations en fonction du contexte. Le braille français actuel se base sur un code appelé *Abrégé orthographique français* (A.O.F.) datant de 1955 qui reprend les symboles et abréviations utilisés pour transcrire la langue de Molière. Tout lecteur malvoyant ou aveugle apprend les deux brailles, intégral et abrégé, et est capable de les lire de façon tout à fait intuitive.

LE BRAILLE MUSICAL

Un autre grand avantage du système mis au point par Louis Braille est la possibilité de transcrire d'autres signes que ceux de l'alphabet et de donner ainsi aux aveugles la chance de s'ouvrir à la musique et aux mathématiques.

On sait combien Louis Braille appréciait la musique, lui qui tenait les orgues de plusieurs paroisses à Paris et enseignait cette matière à l'Institut royal des jeunes aveugles. Le jeune prodige a appris à lire des partitions selon la méthode du relief linéaire de Valentin Haüy : la notation musicale y est la même que pour les voyants, mais est imprimée en relief afin de rendre les notes lisibles manuellement. Le système braille, quant à lui, est basé sur des cellules de six points permettant la notation de l'ensemble des signes nécessaires à l'écriture musicale ; les notes et les rythmes bien sûr, mais aussi les silences, les altérations (bémol, dièse), les nuances, etc.

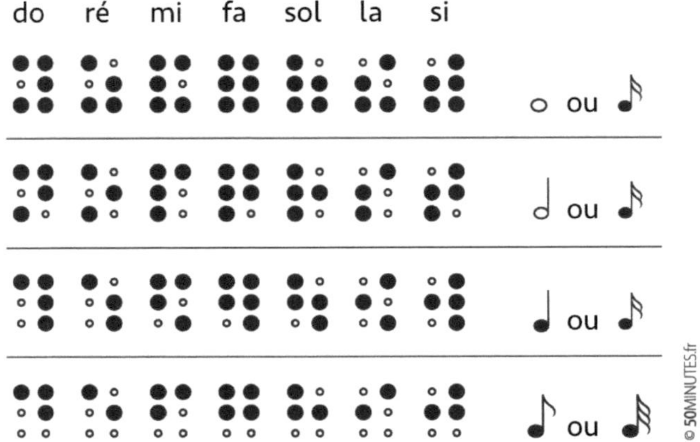

| Transcription des notes et rythmes dans le système braille.

ALTERNATIVES AU BRAILLE

De nombreux systèmes de lecture manuelle ont été proposés au fil des siècles et la création du braille ne freine pas directement cette recherche de l'alphabet le plus adéquat pour les jeunes aveugles. Au Royaume-Uni en particulier, plusieurs chercheurs tentent un retour à l'alphabet courant en relief ou pointillé, à l'image du relief linéaire de Valentin Haüy. Nous pouvons citer notamment l'œuvre de James Gall (1784-1874) qui est le premier anglophone à publier un ouvrage en relief – *First Book for Teaching the Art of Reading to the Blind* –, ou encore la tentative de simplification de l'alphabet latin par William Moon (1818-1894), qui publie ses recherches en 1845.

| L'alphabet Moon pour aveugles et malvoyants.

Bien que moins connu que le braille, le code alphabétique de William Moon en est une alternative intéressante qui est toujours utilisée à l'heure actuelle.

William Moon est un Anglais de Brighton, qui perd la vue à l'âge de 21 ans, après avoir contracté la scarlatine. Devenu professeur pour enfants aveugles, il constate rapidement que ses élèves ont énormément de mal à déchiffrer l'alphabet latin en relief, et décide alors de simplifier celui-ci pour la lecture manuelle.

En 1845, il propose son code Moon : son alphabet est constitué de courbes, de lignes et d'angles, tandis que ses caractères restent très proches de l'alphabet des voyants. Pour cette raison, le code Moon a essentiellement conquis les adultes ayant perdu la vue tardivement – tout comme ce fut le cas pour son créateur – et qui ont d'abord appris à lire de façon visuelle. Malgré la lente et inexorable ascension du braille au niveau mondial, l'alphabet mis au point par William Moon n'a jamais disparu et continue d'être utilisé à travers le monde.

RÉPERCUSSIONS

LA DIFFUSION DU BRAILLE ET LE BRAILLE UNIVERSEL

Malgré la concurrence d'autres systèmes, le braille s'impose doucement à l'Institut national des jeunes aveugles et en France. Rapidement, les institutions regroupant les aveugles d'autres pays européens s'intéressent à ce nouvel alphabet et s'accordent sur la nécessité de l'adapter à leur propre langue, puisque celui-ci a d'abord été créé pour la langue française.

Louis Braille avait déjà tout prévu puisque la seconde édition de la publication de sa méthode comprend la retranscription de la prière du *Pater* en six langues, à savoir le latin, le français, l'italien, l'espagnol, l'allemand et l'anglais.

Le braille se généralise en France à partir de 1852, année de la mort de Louis Braille, mais aussi en dehors de la France grâce au Congrès international pour l'amélioration du sort des aveugles et des sourds-muets organisé à Paris en 1878, lors duquel il est préféré aux autres systèmes. Ce qui distingue le braille est sa vocation universelle. En effet, le braille est un système numérique, qui se base sur la présence ou l'absence de points, et permet ainsi d'être adapté à tous les alphabets, à condition de l'élaboration d'un code. Ce travail d'adaptation et d'uniformisation à de nouvelles langues commence vers 1950 et se poursuit jusqu'à nos jours.

La première étape dans cette uniformisation du système braille passe par la création, en 1949, lors d'une conférence internationale sous l'égide de l'Unesco, d'un Conseil mondial du braille. Ce Conseil a pour mission de parachever l'unification du braille dans le domaine musical et mathématique. Toutefois, il se heurte rapidement à un problème de taille : s'il existe de nombreuses associations d'aveugles avec qui collaborer au niveau national ou régional en Europe occidentale et aux États-Unis, ces structures sont bien moins développées en Asie ou en Afrique. En raison de ce souci majeur, ainsi que d'un certain flou entourant son financement et sa valeur juridique, ce Conseil mondial du braille aura malheureusement un impact limité.

En 1953, l'Unesco publie *L'écriture braille dans le monde* (*World Braille Usage*) avec les codes braille de 85 pays. C'est durant cette décennie que se met en place un braille adapté à différentes langues comme l'arabe, le grec ou encore le chinois. Une réédition de ce guide des codes braille paraît en 1990, mais elle est à nouveau rendue obsolète en raison de l'évolution très rapide de ces différentes langues.

En ce qui concerne la langue française, il existe une commission pour l'évolution du braille français depuis 1996, qui veille à l'unité du code braille dans le monde francophone et en encadre les différentes réformes. La commission dépend des pouvoirs publics français, mais travaille également avec des représentants de différents pays francophones.

LE BRAILLE ET LES NOUVELLES TECHNOLOGIES

Louis Braille n'y avait certainement pas pensé en créant son code pour aveugles, mais le braille s'adapte très bien à un outil très moderne : l'informatique. En effet, le braille est fondé sur un code binaire – présence ou absence de points – qui répond parfaitement au fonctionnement de nos ordinateurs. Le développement de l'informatique est décisif pour les aveugles, car il est devenu un outil d'une grande aide dans les pays industrialisés – n'oublions pas que dans de nombreux pays en voie de développement, les aveugles n'ont pas accès à l'informatique, et que leur seul outil de travail reste la tablette.

En France, les premières expériences informatiques braille datent des années 1970 : le premier système de transcription automatique en braille est conçu par l'université Toulouse III-Paul Sabatier. Dans les années 1980, le logiciel BrailleStar est mis au point à l'Institut national des jeunes aveugles, en France, et le PCB développé à l'université de Louvain, en Belgique. Plus performant encore, le DBT Wi de Duxbury Systems Inc., d'origine américaine, permet la transcription dans les deux sens entre le braille et l'alphabet ordinaire. Ces programmes permettent bien évidemment une diffusion plus large et rapide de documents en braille.

En plus de permettre la transcription de documents, l'informatique facilite la vie de nombreux aveugles grâce, par exemple, à la possibilité de vocaliser des textes.

LE TRAVAIL D'INSERTION POUR LES AVEUGLES CONTINUE...

Grâce à l'invention de son système d'écriture, Louis Braille est entré dans l'Histoire alors qu'il n'était encore qu'un tout jeune adolescent. Aveugle dès l'enfance, il a réussi à créer un alphabet réellement adapté aux besoins de sa communauté et a ouvert la voie à un braille musical et mathématique. Malgré cet accès à la lecture et à l'écriture, l'insertion des aveugles dans le monde du travail n'est toujours pas évidente et repose en grande partie sur l'investissement de bénévoles.

En Belgique, la Ligue Braille milite activement pour offrir davantage de possibilités aux aveugles. Créée 1920 par Élisa Michiels (1879-1952) et Lambertine Bonjean, toutes deux aveugles, la Ligue Braille nationale pour le bien des aveugles désire remédier au manque de lecture pour les personnes déficientes visuelles. Les deux fondatrices décident ainsi de créer une bibliothèque à destination des aveugles et s'entourent de quelques bénévoles afin de transcrire des textes en braille. Devenue une ASBL en 1922, la Ligue Braille élargit ses objectifs et crée des ateliers de travail (cannage, brosserie, vannerie) afin de proposer des formations professionnalisantes aux jeunes aveugles.

Depuis lors, la Ligue Braille n'a cessé de se développer : lancement de livres sur cassettes en 1975, création d'un centre de documentation spécialisé en 1982, création d'un service d'accompagnement en 1988, etc.

Depuis 2001, le 4 janvier est devenu la journée mondiale du braille, en mémoire du jour de la naissance de Louis Braille. L'année 2009 a quant à elle marqué le bicentenaire de sa naissance et a été ponctuée de nombreux événements organisés par la Ligue Braille afin de lui rendre hommage. Ainsi, le Manneken-Pis, emblème de la Belgique, s'est paré d'un costume de jeune écolier aveugle, un timbre et une pièce de 2 € à son effigie ont été mis en circulation et enfin, le musée Louis Braille a ouvert ses portes rue d'Angleterre, à Bruxelles.

EN RÉSUMÉ

- Louis Braille est né le 4 janvier 1809 en Seine-et-Marne, près de Paris. Il perd la vue durant l'enfance suite à un accident dans l'atelier de son père. Élève brillant, il suit sa scolarité à l'Institut royal des jeunes aveugles, à Paris.

- En 1821, Charles Barbier de la Serre présente la sonographie ou écriture nocturne, système d'écriture phonétique basé sur des cellules de douze points, à l'Institut royal des jeunes aveugles. Le jeune Louis Braille s'intéresse de près à cette invention, mais en déplore les grands inconvénients : écriture phonétique qui ne permet ni ponctuation ni texte orthographique, cellules de douze points trop grandes, etc.

- À partir de la sonographie, Louis Braille passe plusieurs années à développer le braille. Conçu dans ses parties essentielles dès 1825, le premier code braille est publié en 1829 : *Procédé pour écrire les paroles, la musique et le plain-chant au moyen de points, à l'usage des aveugles*. Louis Braille perfectionne son système braille et lui donne son aspect définitif en 1834.

- Le braille se compose de cellules de six points et permet ainsi de transcrire 64 caractères différents, servant à la notation des lettres de l'alphabet, de la ponctuation et des chiffres, mais aussi à la transcription de partitions musicales ou encore de formules mathématiques.
- Il existe toujours des alternatives au système braille pour l'écriture et la lecture des personnes déficientes visuelles. Parmi celles-ci, citons le code Moon, qui se rapproche visuellement de l'alphabet latin et est ainsi très apprécié des personnes ayant perdu la vue à l'âge adulte.
- Le braille s'est cependant imposé au niveau international comme système d'écriture et de lecture pour les aveugles dès la fin du XIXe siècle. À partir des années 1950, l'Unesco veille à diffuser et harmoniser le braille au niveau mondial. En 1953 paraît ainsi *L'écriture braille dans le monde* (*World Braille Usage*) avec les codes braille de 85 pays.
- Longtemps écrit manuellement à l'aide d'une tablette et d'un poinçon, le braille a largement profité de l'émergence de l'informatique, qui

a permis de diffuser plus rapidement et largement les textes écrits dans cet alphabet.

- Bien que les personnes déficientes visuelles aient aujourd'hui accès à la lecture et à l'écriture grâce à Louis Braille, leur insertion dans la société et le monde du travail n'est toujours pas chose facile. En Belgique, la Ligue Braille œuvre pour donner tous les outils nécessaires aux aveugles et malvoyants et continue ainsi le travail commencé par Louis Braille il y a deux siècles.

Votre avis nous intéresse !
Laissez un commentaire sur le site de votre
librairie en ligne et partagez vos coups de cœur sur
les réseaux sociaux !

POUR ALLER PLUS LOIN

SOURCES BIBLIOGRAPHIQUES

- Ligue Braille, *Anthologie de la cécité : paroles d'aveugles, regards de voyants. Dossier pédagogique destiné aux enseignants du secondaire supérieur*, Bruxelles, Ligue Braille, 2006.

- Ligue Braille, « Louis Braille et son invention », in *braille.be*, consulté le 17 octobre 2016. http://www.braille.be/fr/documentation/louis-braille-et-son-invention

- MAGNA (Françoise), « Braille », in *universalis.fr*, 2016, consulté le 4 octobre 2016. http://www.universalis.fr/encyclopedie/braille/

- Unesco, « Création du Conseil mondial du Braille », in *unesdoc.org*, 1951, consulté le 6 octobre 2016. http://unesdoc.Unesco.org/images/0016/001624/162428fb.pdf

- Unesco, « World Braille Usage », in *unesdoc.org*, 1990, consulté le 20 octobre 2016. http://unesdoc.Unesco.org/images/0008/000872/087242eb.pdf

SOURCES COMPLÉMENTAIRES

- HENRI (Pierre), *La vie et l'œuvre de Louis Braille, inventeur de l'alphabet des aveugles, 1809-1852*, Paris, P.U.F., 1952.

- LIESEN (Bruno), *Six points de lumière*, Bruxelles, Mémogrames, 2008.

- MACKENZIE (Clutha), « L'Écriture braille dans le monde : rapport sur le progrès accompli dans l'unification des écritures Braille », in *unesdoc.org*, 1954, consulté le 18 octobre 2016. http://unesdoc.Unesco.org/images/0013/001352/135251fo.pdf

- MELLOR (Michael), *Louis Braille : a Touch of Genius*, Boston, National Braille Press, 2006.

- VAILLANCOURT (Danielle), *L'histoire de Louis Braille*, Saint-Lambert, Soulières, 2007.

- WARDENIER (Rita), « Braille lisait avec les doigts », in *Le journal des enfants*, n° 831, 2009, p. 5.

SOURCES ICONOGRAPHIQUES

- Louis Braille, miniature sur ivoire de Lucienne Filippi, 1966. La photo reproduite est réputée libre de droits.